CLV

Jean Gibson

Folge mir nach

Erste Schritte

Die Bibelzitate sind der Elberfelder Übersetzung 2003,
Edition CSV Hückeswagen, entnommen.
Hervorhebungen in den Bibelzitaten sind hinzugefügt worden.

6. überarbeitete Auflage 2025

Bei Fragen zur Produktsicherheit erreichen Sie uns
über gpsr@clv.de oder auf dem Postweg.

Bearbeitung: Christoph Krumm
Satz: EDV- und Typoservice Dörwald, Steinhagen
Umschlag: Lucian Binder, Marienheide
Druck und Bindung: ARKA, Cieszyn, Polen

Artikel Nr. 255155
ISBN 978-3-89397-155-8

Inhalt

Vorwort

Dir ist das größte Glück widerfahren, das einem Menschen passieren kann – Du bist ein Kind Gottes geworden. Gott hat Dich gesucht, Du hast Dich finden lassen. Jetzt willst Du mit Jesus unterwegs sein. Deshalb ist dieser Bibelkurs genau das Richtige für Dich. In ihm dreht sich alles um die Bibel, das Buch, das oft als »der Liebesbrief Gottes an den Menschen« bezeichnet wird. Er wird Dir helfen, die Bibel besser zu verstehen, und Dir alles zeigen, was Du jetzt in Deinem neuen Leben mit Jesus am dringendsten benötigst.

So profitierst Du am meisten von diesem Bibelkurs:

1. Lies die angegebenen Bibelstellen am besten in ihrem Zusammenhang (den gesamten Absatz, in dem sie stehen)!
2. Beantworte dann die Fragen zu den Bibelstellen. Schreibe die Bibelverse nicht einfach ab, sondern versuche, die Antwort mit eigenen Worten schriftlich zu formulieren.
3. Sei nicht entmutigt, wenn Du nicht gleich alles verstehst.
4. Am besten machst Du diesen Kurs zusammen mit einem schon etwas erfahreneren Christen. Dann kann man gemeinsam über die vielen noch offenen Fragen sprechen. Er wird Dir mit seiner Erfahrung und langjährigen Beziehung zu dem Herrn eine große Hilfe und Ermutigung sein.
5. Reserviere jede Woche ca. eine Stunde Zeit, um die Lektion vorzubereiten, und triff Dich dann mit Deinem Mentor, um die Lektion gemeinsam zu besprechen.

Nun wünschen wir Dir viel Freude und Segen beim Durcharbeiten des Kurses!

Lektion 1: Wie man Gottes Kind wird

Die Errettung führt uns zu einer persönlichen Beziehung mit Gott. So wie wir durch die Geburt Teil einer irdischen Familie werden, gelangen wir zur Familie Gottes durch die geistliche Neugeburt. Danach können wir Gott in Wahrheit unseren Vater nennen.

1. Lies Johannes 3,1 und 3,10.
Was für einen religiösen Hintergrund hatte Nikodemus[1]?

____

Was denken religiöse, moralisch hochstehende Menschen, wie man in den Himmel kommt?

____

____

Was hatte Jesus dem religiösen Nikodemus zu sagen? (Johannes 3,3)

____

____

2. Um uns zur Wiedergeburt zu führen, verwendet Gott zweierlei:
1. Petrus 1,23:

____

____

1 Er war Pharisäer, d.h., er gehörte zu einer religiösen Richtung, die auf die genaue Einhaltung der Gesetze und Überlieferungen Wert legte.

Titus 3,4-5:

___

___

3. In 1. Korinther 15,1-4 erfahren wir die vier Schritte zum Glauben und die drei Grundlagen dieser guten Botschaft.

3.1 Worin bestehen die vier Schritte?

a)

___

b)

___

c)

___

d)

___

3.2. Worin bestand der Glaube der Korinther, und was haben sie angenommen, um errettet zu werden? Gib eine dreiteilige Antwort!

a)

___

b)

___

c)

___

4. In welchem Zustand befindet sich nach Römer 3,23 die ganze Menschheit?

5. Was ist Sünde? (Jesaja 53,6; Sprüche 8,36; Matthäus 5,22; Matthäus 5,27-30; Jakobus 2,10)

6. Was ist die Folge der Sünde? (Römer 6,23)

7. Was tat Christus zu unserer Befreiung? (1. Petrus 2,24)

8. Welche Rolle spielen gute Werke? Haben sie einen Einfluss darauf, ob wir einen Platz im Himmel bekommen? (Epheser 2,8-10)

Der Mittelpunkt des Evangeliums ist die Person des Herrn Jesus Christus. Er allein ist das Zentrum und Ziel unseres Glaubens.

9. Wer ist Jesus Christus? (Johannes 1,1.14)

10. Was muss ein Mensch tun, um ein Kind Gottes zu werden? (Johannes 1,12)

11. Was muss mit dem Glauben an Christus einhergehen? (Sprüche 28,13; Jesaja 55,7)

12. Was gilt für jeden Menschen, der den Sohn Gottes (angenommen) »hat«? (1. Johannes 5,12)

Bitte stelle Dir folgende Fragen:

1. Wann hast Du das Evangelium gehört und angefangen zu glauben? Da bist Du also mit dem Heiligen Geist versiegelt worden. (Epheser 1,13)

2. Auf welche Weise tatest Du Buße[2] für Deine Sünden und bekanntest hierauf Jesus Christus als Deinen Herrn und Retter?

____

____

____

____

3. Was hat sich in Deinem Leben grundlegend verändert, seitdem Du Christus aufgenommen hast?

____

____

____

____

Zum Auswendiglernen:

Römer 10,9: »Wenn du mit deinem Mund Jesus als Herrn bekennst und in deinem Herzen glaubst, dass Gott ihn aus den Toten auferweckt hat, wirst du errettet werden.«

---

2 Das Wort »Buße« wird heute im allgemeinen Sprachgebrauch häufig ganz anders als in der Bibel verwendet. Man spricht von Geldbuße und meint damit eine Sühnezahlung. Oder man sagt: »Das musst du mir büßen«, und meint damit Strafe oder Vergeltung.
Der im Neuen Testament vorkommende Begriff bedeutet »seinen Sinn, seine Absicht, seine Ansicht ändern«. Der Sinnesänderung geht die Erkenntnis voraus, dass die bisherige Ansicht schlecht bzw. falsch war. Das mit solcher Sündenerkenntnis verbundene schmerzliche Gefühl ist die Reue, nicht aber Buße im biblischen Sinn.

Lektion 2: Gewissheit der Gotteskindschaft

Das Leben, das Gott Dir bei der Wiedergeburt verleiht, ist ewig. Um es Dir schenken zu können, gab Er Seinen einzigen, eingeborenen Sohn (Johannes 3,16). Dieser ist »allen, die ihm gehorchen, der Urheber *ewigen* Heils geworden« (Hebräer 5,9). Der Besitz dieses Heils ist nicht an Bedingungen geknüpft. Paulus schreibt, dass Gott selbst es ist, der uns bis ans Ende Festigkeit verleihen wird (1. Korinther 1,8), und Christus kann alle, die durch Ihn zu Gott kommen, vollkommen retten (Hebräer 7,25).

1. Was erfährst Du in 1. Johannes 3,1 über Deine Beziehung als Christ zu Gott?

____

____

____

2. Wie bist Du in diese Beziehung hineingekommen? Welches Versprechen gibt uns Johannes 1,12-13?

____

____

____

3. Dem, der Gottes Wort hört und glaubt, sind in Johannes 5,24 dreierlei Verheißungen gegeben. Welche?
a) Was ich jetzt schon habe:

____

____

b) Was mir nicht widerfahren wird:

c) Wohin ich bereits übergegangen bin:

d) An welche Bedingungen sind diese Verheißungen geknüpft?

4. Christus nennt die Menschen, die an Ihn glauben, »meine Schafe«. Er kennt sie. Sie hören Seine Stimme und folgen Ihm (Johannes 10,27-30).

a) Was kennzeichnet ein errettetes Schaf?

b) Was gibt der Herr ihnen?

c) Was wird ihnen nicht geschehen?

d) Wer bewahrt sie?

Die *Sicherheit* unserer Errettung und des Freispruchs vor dem Gericht Gottes basiert ausschließlich auf dem Kreuzeswerk des Herrn Jesus. Es gelten hier also weder unsere guten Werke noch unsere Gebete oder die Taufe.

5. Vergebung kann nur mit einem physischen Mittel erlangt werden. Welches ist es? (Hebräer 9,22; Beispiele: Passah, Opfer bei Adam und Eva usw.)

6. Womit wurden wir von der Strafe freigekauft? (1. Petrus 1,18-19)

7. Was lernst Du in 1. Johannes 5,11-13 über die Möglichkeit, dass sich ein Gläubiger seiner Errettung sicher sein kann?

8. Wie kannst Du Dir sicher sein, dass Du im Zustand der Errettung bleiben wirst? (Johannes 6,39-40; Römer 8,35-39)

Bitte stelle Dir folgende Fragen:

Warum kann sich der Gläubige seines Heils sicher sein?

____

____

Was errettet uns vor dem ewigen Gericht Gottes?

____

____

Worauf vertraust Du persönlich für Deine Errettung?

____

____

Welche Rolle spielen Gefühle dabei?

____

____

Wiederhole: Römer 10,9

Zum Auswendiglernen:

1. Johannes 5,13: »Dies habe ich euch geschrieben, damit ihr wisst, dass ihr ewiges Leben habt, die ihr glaubt an den Namen des Sohnes Gottes.«

Lektion 3: Den Herrn Jesus Christus öffentlich bekennen

In der Heiligen Schrift wird unsere Beziehung zum Herrn Jesus Christus oft mit dem Ehebund verglichen (Römer 7,4; Epheser 5,30-32). Niemals würde ein aufrichtiger Mann oder eine aufrichtige Frau die Tatsache ihrer Zusammengehörigkeit durch die Ehe verleugnen. So ist es unser ehrenvolles Vorrecht, jedem, der bereit ist, uns anzuhören, mitzuteilen, dass wir mit unserem wunderbaren Herrn in Ewigkeit verbunden sind. Wir dürfen wirklich mit dem König aller Könige und dem Herrn aller Herren in tiefer Gemeinschaft sein! Es gibt vor Gott kein gültiges Argument, dies zu verheimlichen. Jeder Versuch in diese Richtung ist eine Beleidigung Gottes.

Den Gläubigen gibt der Herr den Auftrag, diese Verbundenheit mit Ihm durch eine besondere Handlung zu demonstrieren: die Taufe. Dies ist ein »öffentliches Bekenntnis« zu Ihm.

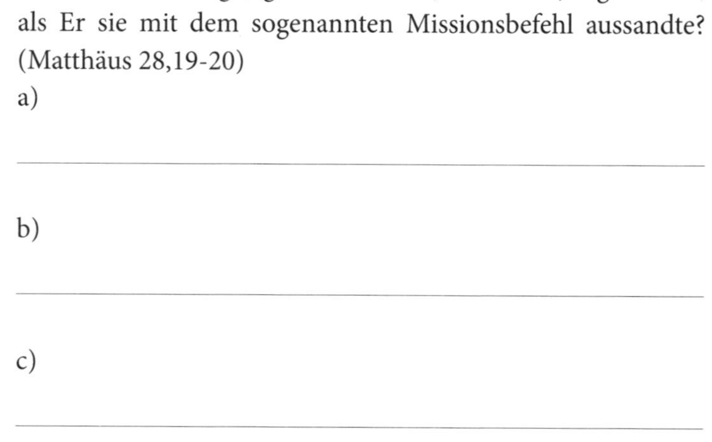

1. Welche Aufträge, gab der Herr Jesus den Jüngern mit, als Er sie mit dem sogenannten Missionsbefehl aussandte? (Matthäus 28,19-20)

a)

b)

c)

d)

2. Welche Anweisungen gab Petrus den gläubig gewordenen Juden? (Apostelgeschichte 2,37-40)

3. Was ist die Voraussetzung für die Taufe? (Apostelgeschichte 16,30-34)

4. In welcher Reihenfolge kommen Glaube und Taufe? (Apostelgeschichte 8,12; 18,8)

5. Wie erfolgt die Wassertaufe? (Apostelgeschichte 8,36-39)

6. Was wird nach Römer 6,3-5 eigentlich durch die Taufe symbolisiert?

a)

b)

c)

7. Was müssen wir tun, damit Christus uns im Himmel bekennen wird? (Lukas 12,8-9)

8. Was geschieht, wenn wir dies nicht tun?

Bitte stelle Dir folgende Fragen:

Wann und wo hast Du Jesus Christus als Herrn und Heiland öffentlich bekannt?

Wann wurdest Du als Gläubiger getauft?

In welcher Weise wird an Deinem Leben als getaufter Christ sichtbar, dass Du mit dem Herrn Jesus Christus gestorben und auferstanden bist und nun ein völlig erneuertes Leben führst?

Wiederhole: Römer 10,9; 1. Johannes 5,13

Zum Auswendiglernen:

Matthäus 28,19-20a: »Geht nun hin und macht alle Nationen zu Jüngern und tauft sie auf den Namen des Vaters und des Sohnes und des Heiligen Geistes und lehrt sie, alles zu bewahren, was ich euch geboten habe.«

Lektion 4: Das persönliche Zeugnis

In der Kraft des Heiligen Geistes ist es nicht nur unser Wunsch, sondern auch unser Auftrag, anderen von den wunderbaren Taten Gottes in unserem Leben zu berichten (Matthäus 10,32; Apostelgeschichte 1,8; 1. Petrus 2,9). Paulus wurde nach der Bekehrung gesagt: »Denn du wirst ihm (= Jesus) an alle Menschen ein Zeuge sein von dem, was du gesehen und gehört hast« (Apostelgeschichte 22,15). Auch wir wollen Zeugnis davon geben, wie der Herr uns persönlich von der Macht Satans befreit und uns zu Kindern Gottes gemacht hat.

In einem guten Zeugnis berichtet der Gläubige, wie er a) unter der Macht Satans in der Dunkelheit lebte, b) Christus begegnet ist, und c), wie sein Leben dadurch verändert wurde. Wichtig ist auch zu erklären, aufgrund welcher Tatsachen er jetzt den Anspruch erhebt, ein Kind Gottes zu sein. Deshalb steht bei einem guten Zeugnis Christus im Zentrum, wobei es von biblischen und erlebten Tatsachen spricht – nicht so sehr von Gefühlen!

Schreibe anhand der folgenden Überschriften auf, wie Du Deine Bekehrung erlebt hast. Bemühe Dich um eine für Nichtchristen verständliche Ausdrucksweise. Schreibe zuerst eine ausführlichere Version Deiner Geschichte auf ein gesondertes Blatt. Dann fasse sie so zusammen, dass Du nicht länger als 5 Minuten brauchst, um sie zu erzählen.

1. Mein Leben, bevor ich an Jesus Christus gläubig wurde:

____

____

____

____

2. Wie ich den Herrn Jesus Christus kennenlernte und erkannte, dass ich ihn brauche:

3. Wie ich den Herrn Jesus Christus in mein Leben aufnahm:

4. Was sich in meinem Leben angefangen hat zu verändern, nachdem ich Jesus Christus aufgenommen habe:

Wiederhole: Römer 10,9; 1. Johannes 5,13; Matthäus 28,19-20a

Zum Auswendiglernen:

1. Petrus 3,15: »Seid jederzeit bereit zur Verantwortung gegen jeden, der Rechenschaft von euch fordert über die Hoffnung, die in euch ist.«

Lektion 5: Tägliche Gemeinschaft mit dem Vater 1 (Bibellesen)

Für uns als Kinder Gottes ist es natürlich, dass wir mit unserem Vater Zeit verbringen wollen, da uns von Ihm aus reicher Segen zufließt. Er ist die Quelle aller Stärke und aller Weisheit. Wenn wir den Herrn lieben, werden wir viel Zeit mit Ihm zu verbringen suchen. Es wird für uns keine Last, sondern eine Freude sein (Psalm 63,2).

Wir brauchen Seine Gemeinschaft jeden Tag und sollten darum sinnvollerweise eine gewisse Tageszeit für die persönliche, innige Gemeinschaft mit Ihm reservieren. Viele Christen nennen das »Stille Zeit«. Sie besteht aus Gebet und dem Lesen von Gottes Wort. Für die Gläubigen aller Jahrhunderte war und ist dies ein unverzichtbarer Bestandteil ihres Lebens der Gemeinschaft mit Gott. Dazu sind vier Dinge nötig:

- Zeit, die es täglich zu reservieren gilt;
- einen ungestörten Ort;
- einen Plan, um die Bibel fortlaufend zu lesen;
- das Ziel des Gehorsams gegenüber Christus.

1. Zu welcher Tageszeit suchten Männer Gottes Seine Gemeinschaft? (Jesaja 50,4)

____

2. Wohin ging der Herr Jesus, um zu Gott, Seinem Vater, zu beten? (Markus 1,35)

____

____

In unserer Stillen Zeit geht es darum, mit Gott allein zu sein, zu beten und aufmerksam auf Sein Wort hören zu können. Hier nun einige wichtige Gedanken zum Bibellesen:

3. Welches Gebet sollte vor dem Lesen des Wortes Gottes stehen? (Psalm 119,18)

---

4. Wie sollten wir auf das Wort reagieren? (Psalm 119,34 und Johannes 13,17)

---

5. Welche Wirkungen wird das Bibellesen in meinem Leben haben?
Psalm 119,11

Psalm 119,50

Psalm 119,105

---

6. Wozu gab uns Gott Sein Wort? Nenne vier Gründe! Welche Veränderungen wird das Wort bewirken? (2. Timotheus 3,16-17)

7. Wie werden wir im Leben und im Alltag an das von Gott gesteckte Ziel kommen? (Josua 1,8)

Bitte stelle Dir folgende Fragen:

Hast Du vor Gott die Zeit festgelegt, die Du täglich mit Ihm in Seinem Wort und im Gebet verbringen willst? Wie viel Zeit ist das bei Dir? Zu welcher Tageszeit ist das bei Dir?

Nach welchem Plan liest Du fortlaufend die Bibel? (Hier ein Vorschlag: Beginne mit den Evangelien, lies zunächst jene von Johannes und Markus, lies danach die Briefe von Paulus, Petrus und Johannes, dann die Psalmen und die Sprüche, dann das 1. Buch Mose, das die Grundlage des Alten Testamentes darstellt. Es soll Dein Ziel sein, die ganze Bibel durchzulesen; den Schwerpunkt sollte jedoch zunächst das Neue Testament bilden.)

____

____

____

____

____

____

Wiederhole: Römer 10,9; 1. Johannes 5,13; Matthäus 28,19-20a; 1. Petrus 3,15

Zum Auswendiglernen:

Josua 1,8: »Dieses Buch des Gesetzes soll nicht von deinem Mund weichen, und du sollst darüber nachsinnen Tag und Nacht, damit du darauf achtest, zu tun nach allem, was darin geschrieben ist; denn dann wirst du auf deinem Weg Erfolg haben, und dann wird es dir gelingen.«

Lektion 6: Tägliche Gemeinschaft mit dem Vater 2 (Gebet)

Kinder brauchen ein Vertrauensverhältnis zu ihren Eltern, sie müssen wissen, dass sie frei mit ihnen reden dürfen. Auch unser himmlischer Vater schenkt Seinen Kindern die Gelegenheit dazu, indem Er uns auffordert, als gereinigte Menschen, die die Blutbesprengung erfahren haben, zum Thron der Gnade mit Freimütigkeit und wahrhaftigem Herzen hinzuzutreten (Hebräer 4,16; 10,22). Zu diesem Thema tauchen einige Fragen auf:

1. Was veranlasste die Jünger, den Herrn zu bitten, sie das Beten zu lehren? (Lukas 11,1)

____

____

____

2. Nützt Beten überhaupt? (Jakobus 5,16)

____

____

____

3. Was sagt der Herr Jesus zu diesem Thema? Stelle Anweisung und Verheißung gegenüber! (Matthäus 7,7-8)

____

____

____

4. Ist rechtes Beten an Bedingungen geknüpft?
Johannes 14,14

Matthäus 21,22; Jakobus 1,6-7

Psalm 66,18

1. Johannes 5,14

5. Unsere Gebete sollen Lob Gottes, Dank, das Bekenntnis unserer Sünden, Fürbitte für andere und schließlich die Bitte für unsere persönlichen Bedürfnisse enthalten. Schreibe bei den folgenden Versen jeweils dazu, um welchen der genannten Punkte es sich handelt:
Psalm 100,4 (2 Punkte)

1. Johannes 1,9

Epheser 6,18; 1. Timotheus 2,1

6. Welchen Stellenwert hatte für Samuel die Fürbitte? (1. Samuel 12,23)

7. Gott reagiert auf Gebet oft nicht so, wie wir es uns wünschen. Was lernen wir aus den folgenden Stellen über Seine Art, Gebete zu beantworten?
Johannes 11,3.6; 11,14-15; 11,43-44

2. Korinther 12,7-9

1. Könige 19,4-5

8. Wie sollen wir vorgehen, wenn Sorgen aufsteigen? Wodurch können sie ersetzt werden? (Philipper 4,6-7)

9. Aus welchem »Vorratslager« schöpft der Herr, um unsere Bedürfnisse zu erfüllen? (Philipper 4,19)

Bitte stelle Dir folgende Fragen:

Wann ist ein Gebet ein Gebet im Namen des Herrn Jesus?

Wenn Du zu Gott im Namen des Herrn Jesus betest, wie kannst Du Dir da sicher sein, dass Er Dich hört und Dir antwortet?

Hast Du eine bestimmte Zeit, in der Du regelmäßig betest? Wann ist das?

Berichte die bedeutendste Gebetserhörung, die Du in der letzten Zeit hattest!

Wiederhole: Römer 10,9; 1. Johannes 5,13; Matthäus 28,19-20a; 1. Petrus 3,15; Josua 1,8

Zum Auswendiglernen:

Matthäus 7,7: »Bittet, und es wird euch gegeben werden; sucht, und ihr werdet finden; klopft an und es wird euch aufgetan werden.«

Lektion 7: Als Gotteskind siegreich leben

Gott hat uns in Seiner unendlich großen Liebe zu Seinen Kindern gemacht (1. Johannes 3,1). Er hat nicht einfach das Alte verbessert, sondern »Neues ist geworden« (2. Korinther 5,17)! Somit sind wir eine neue Schöpfung! Um das zu erwirken, musste Jesus Mensch werden und sich selbst als vollkommenes Opfer für unsere Sünden hingeben (Matthäus 1,21). Aber Sein Werk endet nicht mit der Neugeburt! Er lebt nun in uns und hat somit alle Voraussetzungen dafür geschaffen, dass wir dieses neue Leben mit Seiner Kraft und Hilfe meistern können (2. Thessalonicher 3,3). Sein Sieg auf Golgatha hat eine dreifache Wirkung: a) Wir können siegreich leben; b) wir wollen nicht mehr das alte Leben führen – und c) wir dürfen es auch nicht (1. Johannes 3,9)! Trotzdem erkennen wir einen ständigen Kampf in uns. Aber der Sieg ist uns verheißen!

1. Was für ein Leben verspricht uns Gott? (Johannes 10,10; Galater 5,22)

2. Welcher traurigen Realität muss sich jeder Gläubige bewusst sein? (1. Johannes 1,9 – 2,1)

Trotzdem gilt: Gott betrachtet den Gläubigen als eins mit Christus und deshalb als angenommen in Ihm (Epheser 1,6-7). Denn als Jesus am Kreuz für uns starb, starben wir mit Ihm (Kolosser 3,3). Als Er von den Toten zu dem neuen Leben auferstand, sind wir mit Ihm auferstanden (Kolosser 3,1).

3. Was gilt nun nach 1. Korinther 6,9-11 für jeden Gläubigen? Zähle die drei genannten Punkte auf und beschreibe, was sie über das Angenommensein bei Gott aussagen.

____

____

____

____

4. Es ist wichtig, den Feind und seine Strategie zu kennen. Was lernst Du in den folgenden Versen über die Strategie des Feindes und wie wir ihn überwältigen können?

1. Petrus 5,8

____

____

2. Korinther 11,14

____

____

1. Johannes 2,15-17

____

____

Jakobus 4,6-7

5. Wie sollen Christen auf die Welt reagieren, die so lebt, als spiele Gott keine Rolle? (1. Johannes 2,15)

6. Was ist die Grundlage eines siegreichen Lebens? (1. Johannes 5,3-4)

7. Damit Du siegreich kämpfen kannst, musst Du Deine Beziehung mit Jesus ständig stärken. Wie geht das nach 1. Petrus 2,2? Was musst Du tun? Was wird die Folge sein?

8. Lies Jeremia 15,16. Was bedeutet das für uns?

9. Obwohl unsere Feinde durch Jesus längst besiegt sind, sind wir doch täglich mit ihnen konfrontiert. Wie sollen wir nach Gottes Willen damit umgehen? (Epheser 6,10-11)

a)

b)

c)

Bitte stelle Dir folgende Fragen:

Werde konkret: Auf welchen Gebieten in Deinem Leben hast Du besondere Kämpfe (alte, unbiblische Freundschaften oder Beziehungen, Gewohnheiten, Ansichten)?

Aus welchen Quellen kommt uns in der Hauptsache Hilfestellung von Gott zu?

Der Herr hat nicht nur die Voraussetzungen für ein neues Leben geschaffen, Er ist es auch, der uns dabei hilft, dieses Überwinderleben zu führen. Auf welche Weise hilft Er?

Wie kannst Du Dir als Gotteskind Deiner Annahme in Christus wirklich sicher sein?

Wiederhole: Römer 10,9; 1. Johannes 5,13; Matthäus 28,19-20a; 1. Petrus 3,15; Josua 1,8; Matthäus 7,7

Zum Auswendiglernen:

1. Korinther 10,13: »Keine Versuchung hat euch ergriffen als nur eine menschliche; Gott aber ist treu, der nicht zulassen wird, dass ihr über euer Vermögen versucht werdet, sondern mit der Versuchung auch den Ausgang schaffen wird, sodass ihr sie ertragen könnt.«

Lektion 8: Beständige Gemeinschaft mit dem Vater

Gott hat uns dazu berufen, alle Tage unseres Lebens in inniger Gemeinschaft mit Ihm zu leben. In Seiner unendlichen Weisheit weiß Er jedoch, dass es Zeiten des Versagens geben wird. In der ganzen Menschheitsgeschichte hat es nur einen einzigen wahrhaft sündlosen Menschen gegeben: den Herrn Jesus Christus selbst. Alle anderen Menschen, auch die treuesten Männer und Frauen Gottes, versagten immer wieder in verschiedenen Bereichen ihres Lebens. Auch wir bilden da keine Ausnahme.

1. Welche Aussage ist in dieser Hinsicht nach 1. Johannes 1,8.10 unzulässig?

____

____

____

Gott hat in Seiner Liebe und Weisheit eine Vorkehrung getroffen, um die durch Sünde gestörte Gemeinschaft wiederherzustellen. Wir müssen dabei aber beachten, dass *Gemeinschaft* nicht mit *Beziehung* gleichzusetzen ist! Wenn wir über unsere Beziehung zu Gott reden, denken wir daran, dass wir als Gläubige in die Familie Gottes hineingeboren wurden. Dadurch sind wir in eine rechtmäßige Beziehung zu Gott gelangt (1. Johannes 5,1.11-13). Und diese Beziehung ist unauflöslich!

Wenn wir nun aber als wiedergeborene Kinder Gottes sündigen, wird die innige Gemeinschaft mit dem Vater gestört – wir werden jedoch nicht aus der Familie ausgestoßen, die Beziehung bleibt bestehen. Für solche Störungen müssen wir sehr sensibel sein; sie müssen sofort bereinigt werden, damit die Gemeinschaft wiederhergestellt wird.

Was können wir dazu tun? 1) Es ist wichtig, dass wir nicht verzweifeln, denn unser Vater will Seine abgeirrten Kinder wieder zurechtbringen. 2) Wir müssen als Erstes Klarheit darüber haben, ob wir wirklich durch den Herrn Jesus Christus in eine lebendige Beziehung mit Gott getreten sind. *Bin ich wirklich errettet?*

2. Was könnte darauf hinweisen, dass ich nicht wiedergeboren bin? Beachte die Verbform in 1. Johannes 3,9!

____

____

____

3. Betrachte nochmals Deine Antworten zu den Fragen 1 und 2. Worauf liegt in den jeweiligen Versen die Betonung? (Was trifft für einen Gläubigen zu, und was trifft nicht zu?) Wo liegt der Unterschied zwischen den beiden Versen?

____

____

____

____

4. Was ist das Gebet eines aufrechten Menschen? (Psalm 119,33-34) Was ist sein Ziel dabei?

____

____

____

5. Welche Vorgehensweise ist in Gottes Augen verwerflich (Sprüche 28,13)? Was braucht es, um Sein Erbarmen zu erlangen?

6. Lies 1. Johannes 1,9. Wie soll der Gläubige vorgehen, wenn er gesündigt hat, und welche Verheißung gibt Gott?

7. Was ist die Basis aller Vergebung Gottes? (Epheser 1,7; Offenbarung 1,5)

Es gilt also, Gottes Verheißung ernst zu nehmen und Seine Vergebung anzunehmen, ohne zu zweifeln. Keinesfalls darf sich aber eine leichtfertige Einstellung zur Sünde einschleichen. Sünde wirkt zerstörerisch, und ihr Preis ist hoch; sie kostete dem Sohn Gottes das Leben.

8. Wie handelt der gerettete Mensch? (2. Timotheus 2,19b)

9. Was ist die Aussage von 2. Korinther 6,14-17? In welcher Gefahr stehen wir, wenn wir dieses Gebot verletzen?

Bitte stelle Dir folgende Fragen:

Welchen Weg hat Gott für die Zeiten Deines Versagens schon vorbereitet?

Wie gelangst Du nach Abwegen wieder in die innige Gemeinschaft mit dem Vater?

Wie kannst Du die Gemeinschaft mit Gott vor Störungen bewahren?

____

____

____

____

____

Wiederhole: Römer 10,9; 1. Johannes 5,13; Matthäus 28,19-20a; 1. Petrus 3,15; Josua 1,8; Matthäus 7,7; 1. Korinther 10,13

Zum Auswendiglernen:

Sprüche 28,13: »Wer seine Übertretungen verbirgt, wird kein Gelingen haben; wer sie aber bekennt und lässt, wird Barmherzigkeit erlangen.«

Lektion 9: Dem Herrn gehorchen

Als wir zum Glauben an das Evangelium kamen, nahmen wir Jesus Christus als unseren Herrn und Heiland an. Vor anderen bekannten wir Ihn als unseren Herrn (Römer 10,9), und genau wie Seine Jünger sprechen wir von Ihm als »dem Herrn«. Im Himmel werden wir die Knie vor Ihm beugen und Ihn »Herr« nennen. Deshalb wollen wir Ihn auch schon hier im Gebet als unseren Herrn ansprechen. Diese Einstellung ist sehr wichtig – unser geistliches Wachstum und geistliche Segnungen hängen davon ab.

1. Wer ist Jesus? (Apostelgeschichte 10,36)
Wer ist die höchste Autorität, wer hat das letzte Wort? (Offenbarung 17,14b)

____

____

____

2. Wie nannte Thomas Jesus? (Johannes 20,28) Was bedeutet das praktisch in Deinem Leben?
a)

____

____

b)

____

____

3. Was wird früher oder später jeder Mensch tun – mancher sogar erst in der Hölle? (Philipper 2,10-11)

4. Was lehnt Jesus ab? (Lukas 6,46) Wo liegt der Fehler?

5. Als Gläubige bekennen wir, Jesus zu lieben. Was sagt Er selbst zu diesem Thema? (Johannes 14,15.21.23) – Wie sieht es bei Dir damit aus?

6. Welche Verpflichtung bringt der Kreuzestod Jesu mit sich? (2. Korinther 5,15)

7. Was wird in Römer 12,1 den Gläubigen nahegelegt? Inwieweit hast Du das bisher in Deinem Leben umgesetzt?

8. Welche Auswirkungen wird es nach Römer 12,2 haben, wenn wir uns Gott ganz zur Verfügung stellen?

Bitte stelle Dir folgende Fragen:

Wann wurde Jesus Christus der Herr und Meister Deines Lebens?

Wie wurde daraus ein Leben des täglichen Gehorsams, des täglichen Beugens unter Sein Wort?

Bestätigen Dein Verhalten, Dein Umgang mit Zeit, Geld und Begabungen, Deine Beziehungen – also Dein ganzer Lebensstil – das, was Du sagst?

____

____

____

Wiederhole: Römer 10,9; 1. Johannes 5,13; Matthäus 28,19-20a; 1. Petrus 3,15; Josua 1,8; Matthäus 7,7; 1. Korinther 10,13; Sprüche 28,13

Zum Auswendiglernen:

Lukas 6,46: »Was nennt ihr mich aber: ›Herr, Herr!‹, und tut nicht, was ich sage?«

Lektion 10: Gemeinschaft mit Gotteskindern

In der Apostelgeschichte sehen wir, dass die ersten Gläubigen im Anschluss an ihre Bekehrung nicht nur in Gemeinschaft mit Gott traten, sondern von Ihm auch direkt in die Gemeinschaft mit anderen Gläubigen geführt wurden. Das Wort »beisammen« in Apostelgeschichte 2,44 ist kennzeichnend für sie. So wie wir unseren Herrn brauchen, so brauchen wir auch die Gemeinschaft untereinander; unser Leben in Ihm soll vom Miteinander und von gegenseitigem Anteilnehmen bestimmt sein. In Gott sind wir eine Familie, wir bilden eine geistliche Gemeinschaft. Jeder von uns ist ein Bestandteil oder Glied des Leibes Christi (1. Korinther 12,27). Dies gilt für alle Gläubigen, überall auf der Welt. In der Ortsgemeinde soll das sichtbar gemacht werden und praktisch zum Ausdruck kommen.

1. Zu was wurden die Menschen, nachdem sie zum Glauben gekommen und getauft waren, hinzugefügt? Wann wurden sie zur Gemeinde hinzugefügt? (Apostelgeschichte 2,41) – Warum geschah das Deiner Meinung nach?

____

____

____

____

____

2. Was taten die ersten Christen immer wieder bei ihren Treffen? (Apostelgeschichte 2,42)
a)

____

b)

c)

d)

Warum sind diese vier Elemente wichtig, und was wäre, wenn ein Element fehlen würde?

3. An welchem Tag trafen sich die Gläubigen, und was taten sie dann jeweils? (Apostelgeschichte 20,7)

4. Die Gläubigen wurden als Gesamtheit die *»ekklesia«* (Gemeinde, Versammlung oder Kirche) genannt. Das Wort bedeutet »Herausgerufene«. In welchem Sinne sind sie Herausgerufene? (1. Petrus 2,9)

5. Die Namensgebung der Gemeinden erfolgte meist nach ihrer Stadt: Lies als Beispiel 1. Thessalonicher 1,1 und schreibe auf, unter welchem Namen diese Gemeinde von Paulus angesprochen wird.

6. Wer ist das Haupt der Gemeinde? (Kolosser 1,18)

7. Inwiefern ist der menschliche Körper eine Illustration für die Gemeinde Gottes? (Epheser 4,11-12 und 15-16)

8. Wie werden die Leiter der Ortsgemeinde genannt? (Apostelgeschichte 20,17 und Titus 1,5)

9. In welcher Haltung sollen die Gemeindeglieder den leitenden Brüdern begegnen? (Hebräer 13,17) Welche Verantwortung haben diese?

10. Wovor wird in Hebräer 10,25 gewarnt, und warum ist diese Warnung notwendig?

Bitte stelle Dir folgende Fragen:

Hast Du Dich nach Deiner Bekehrung und Taufe verbindlich einer Ortsgemeinde angeschlossen?

Wie machst Du Dich in dieser Gemeinschaft nützlich?

Wie kannst Du Deine Aufgabe noch besser erfüllen?

____

____

____

____

____

Wiederhole: Römer 10,9; 1. Johannes 5,13; Matthäus 28,19-20a; 1. Petrus 3,15; Josua 1,8; Matthäus 7,7; 1. Korinther 10,13; Sprüche 28,13; Lukas 6,46

Zum Auswendiglernen:

Apostelgeschichte 2,42: »Sie verharrten aber in der Lehre der Apostel und in der Gemeinschaft, im Brechen des Brotes und in den Gebeten.«

Lektion 11: Anderen den Weg zum ewigen Leben zeigen

Du bist nun schon einige Zeit in der Nachfolge des Herrn Jesus. Es ist Dir klar, dass Du zu den wenigen Menschen in der Welt gehörst, die ewiges Leben haben und auf dem Weg in den Himmel sind. Alle anderen Menschen dagegen befinden sich auf der breiten Straße, die in das Verderben führt (Matthäus 7,13-14). Der Gedanke, dass so viele Menschen verlorengehen, belastet Dich sicherlich. Nun hat der Herr Jesus Dich als Seinen Zeugen im Welt-Gerichtssaal berufen (Apostelgeschichte 1,8). Als Zeuge kannst Du anderen berichten, was Christus in Deinem Leben bewirkt hat und wie Er Dir zum Herrn und Heiland wurde. Bist Du in der Lage, einem Mitmenschen den sicheren Weg in den Himmel zu weisen?

Die nun folgenden Fragen sollen Dir helfen, eine Grundlage für evangelistische Gespräche zu erarbeiten.

Das Problem:

Jeder Mensch befindet sich im Zustand der Verlorenheit, ist sich darüber aber oft nicht bewusst. Darum müssen wir ihm helfen, die Notwendigkeit seiner Errettung zu erkennen.

1. Wer ist ein Sünder, und wie wird Sünde definiert?
(Römer 3,23; Jesaja 53,6)

___

___

___

___

2. Was ist der Lohn der Sünde? (Römer 6,23)

3. Der leibliche Tod bewirkt die Trennung der Seele vom Körper. Der geistliche oder zweite Tod bewirkt die Trennung der Seele von Gott. Lies Offenbarung 20,11-15.
Was steht in den Büchern Gottes geschrieben? Was ist das Buch des Lebens? Was ist der zweite Tod?

Die Lösung:

Oft wissen Menschen, die sich Christen nennen, keine zufriedenstellende Antwort, wenn sie gefragt werden: »Warum starb Jesus am Kreuz?« Selbst wer antwortet: »Er starb für unsere Sünden«, kann dies auch ohne wirkliches, persönliches Verständnis der Aussage tun. Wenden wir uns also wieder einigen Fragen zu, die uns hier weiterbringen werden:

4. Welchen Heilsweg hat Gott bestimmt? (Römer 1,16)

5. In 1. Korinther 15,3-4 werden die drei entscheidenden Teile dieses Weges aufgezeigt. Nenne sie!

6. Was ist das Zentrum des Evangeliums? (1. Korinther 1,18)

7. Lies den Vers 1. Petrus 2,24 sorgfältig durch.
Wer trägt die Sünde?

Wessen Sünden werden getragen?

Welche zwei Folgen des Geschehnisses werden erwähnt?

8. Ordne die Aussagen aus Jesaja 53,4-5 jeweils parallel den obigen Antworten zu!
Wen schlug Gott für unsere Sünden?

Inwieweit hat Epheser 2,8-9 etwas mit diesen Tatsachen zu tun?

____

____

____

Die Lösung annehmen:

Es ist in den meisten Fällen nicht gut, jemandem den konkreten Weg zur Errettung aufzuzeigen, der nicht zuvor seine persönliche Verlorenheit begriffen hat. Bete, dass der Herr Jesus Dir zeigt, wo Dein Gesprächspartner innerlich steht. Deine Aufgabe ist es, so viel Information über das Evangelium weiterzugeben, wie Dein Gegenüber jetzt aufnehmen kann. Genauso tat es der Herr Jesus.

9. Wer ist Jesus Christus? (Johannes 1,1 und 14)

____

____

10. Was muss ein Mensch tun, um ein Kind Gottes zu werden? (Johannes 1,12)

____

____

11. Was muss mit dem rettenden Glauben einhergehen? (Sprüche 28,13)

____

____

12. Welche Verheißung geben Johannes 5,24 und 1. Johannes 5,12?

Bitte stelle Dir folgende Fragen:

Lebst Du als ein aufrichtiger Gläubiger, oder ist Heuchelei in Deinem Leben? Wie sieht es bei Dir evangelistisch aus?

Welche Verse kannst Du auswendig, um sie bei Gelegenheit im evangelistischen Gespräch zu verwenden?

Wiederhole: Römer 10,9; 1. Johannes 5,13; Matthäus 28,19-20a; 1. Petrus 3,15; Josua 1,8; Matthäus 7,7; 1. Korinther 10,13; Sprüche 28,13; Lukas 6,46; Apostelgeschichte 2,42

Zum Auswendiglernen:

1. Johannes 5,12: »Wer den Sohn hat, hat das Leben; wer den Sohn Gottes nicht hat, hat das Leben nicht.«

Lektion 12: Geistgeleitet leben

Wenn wir täglich unter der Autorität Jesu, unseres Herrn, leben, so erfüllen wir damit Seinen Willen (Lukas 6,46). Im Gehorsam zeigt sich unsere Liebe zu Ihm (Johannes 14,15). Unser Gehorsam wird den sichtbaren Erweis Seiner Liebe zu uns mit sich bringen – den Beweis, dass Er stets nur das Beste für unser Leben will (Johannes 14,21.23). Wir brauchen aber eine übermenschliche Kraft, um wirklich für Gott und nicht mehr für uns selbst zu leben. Diese Kraft gibt Er uns! Ohne Ihn können wir nichts tun (Johannes 15,5). Er hat alles bereitgestellt, damit wir ein Ihm wohlgefälliges Leben, bestimmt von Wachstum, Frucht und Überwindungskraft, leben können.

1. Welchen Helfer oder Beistand verheißt der Herr Jesus? (Johannes 14,16-17)

____

____

2. Wann und wie erhält man den Heiligen Geist? (Epheser 1,13; Apostelgeschichte 2,38)

____

____

3. Wo wohnt der Heilige Geist? Was bewirkt Er für uns? (Römer 8,11)

____

____

4. Was sagt die Heilige Schrift zu der Vorstellung, man könne gläubig sein, ohne den Heiligen Geist zu haben? (Römer 8,9.11)

5. Welche Konsequenz hat das für unseren Körper, wenn der Heilige Geist in uns wohnt? (1. Korinther 6,19) Wie soll sich wiederum diese Tatsache auf unser Verhalten auswirken?

6. Welche besondere Ermahnung ergeht an die Menschen, deren Leib ein Tempel des Heiligen Geistes ist? (1. Korinther 6,18-20)

7. Wie können wir Sieg über unsere fleischlichen Begierden erlangen? (Galater 5,16)

8. Was wird uns als Gläubigen in Epheser 5,18 aufgetragen?

9. Welche Auswirkungen hat der Alkohol? Was dagegen bewirkt der Heilige Geist nach Epheser 5,18-19 in jedem Gläubigen, der sich davon erfüllen lässt?

10. Was kann der Gläubige dem Heiligen Geist antun? (Epheser 4,30)
Kannst Du aus Deinem Leben Beispiele dafür nennen?

11. In Galater 5,22-23 finden wir eine Aufstellung der Auswirkungen des Heiligen Geistes. Schreibe sie Dir ab. Sie sind sehr wichtig, denn diese Auswirkungen möchte Gott in unserem Leben sehen.

Bitte stelle Dir folgende Fragen:

Auf welche Weise hast Du diese große geistliche Kraft im Glauben bereits ergriffen?

Wie zeigt sich das Wirken des Heiligen Geistes in Deinem Leben ganz praktisch?

Welche Hindernisse gibt es für die uneingeschränkte Herrschaft Gottes durch Seinen Geist in Deinem Leben? (Prüfe Dein Leben, was schlechte Gewohnheiten, Eigensinn, mangelnde Vergebungsbereitschaft, Dinge, die es zu bereinigen gilt, usw. betrifft.)

Wiederhole: Römer 10,9; 1. Johannes 5,13; Matthäus 28,19-20a; 1. Petrus 3,15; Josua 1,8; Matthäus 7,7; 1. Korinther 10,13; Sprüche 28,13; Lukas 6,46; Apostelgeschichte 2,42; 1. Johannes 5,12

Zum Auswendiglernen:

Römer 8,9: »Ihr aber seid nicht im Fleisch, sondern im Geist, wenn nämlich Gottes Geist in euch wohnt. Wenn aber jemand Christi Geist nicht hat, der ist nicht sein.«

Lektion 13: Leben unter der Führung Gottes

Gute Eltern möchten ihre Kinder anleiten und sie weise führen; sie lieben ihre Kinder und wollen ihnen helfen. Aufgabe der Kinder ist es, aufnahmebereit zu sein und der von den Eltern vorgegebenen Richtung zu folgen. Für alle Familienmitglieder ist es so am besten. Unser Vater im Himmel ist weiser als alle menschlichen Eltern. Er hat uns zu Seinem – und nicht zu unserem – Wohlgefallen erschaffen (Philipper 2,13), und Er sichert zu, dass Er nur Gutes für uns will (Jeremia 29,11). Im Übrigen kennt Gott ja auch den Ausgang einer Sache, bevor sie noch beginnt (Jesaja 46,10)! Ein weises Gotteskind wird infolgedessen Seinen Willen für sein tägliches Leben wissen wollen (Epheser 5,17). Und Seine Führung ist erfahrbar!

1. In Johannes 7,17 sagt der Herr Jesus, dass, wenn jemand den Willen des Vaters tun wolle, ihm klar werden würde, ob die Lehre des Herrn Jesus wirklich von Gott sei. Was ist also die erste Frage, die Du Dir stellen solltest?

____

____

____

____

2. Was sollte unser wichtigstes Anliegen sein? (Matthäus 6,33)

____

____

____

____

3. Wie sollen wir das Erforschen Seines Willens beginnen? (Jakobus 1,5)

---

4. Was wird Gott daraufhin tun? (Psalm 32,8)
Wovor warnt uns Vers 9?

---

5. Woher nehmen wir die Sicherheit, dass Er uns erhört? (1. Johannes 5,14-15)

---

6. Wohin sollten wir uns wenden, um Wegweisung und Prinzipien Gottes zu erlernen? (Psalm 119,105)

---

7. Wer wird uns belehren?
1. Korinther 2,12

Johannes 14,26

Johannes 16,13

---

8. Warum können wir nicht einfach tun, was uns gut erscheint? (Jesaja 55,8-9)

9. Was hilft uns dabei, Seine Wege zu gehen? (Sprüche 3,5-6)

10. Welche andere Methode gibt es, den richtigen Weg zu erforschen? (Sprüche 11,14; 15,22)
Wer sollten diese Ratgeber sein? (Hebräer 13,17)

Bitte stelle Dir folgende Fragen:

Was könnte Dich daran hindern, in Deinem täglichen Leben wirklich nach dem Willen Gottes leben zu wollen?

Was kann Dir helfen, doch in diese Richtung zu gehen, wenn sich Dein Wille und der Ratschlag Gottes nicht decken?

Wenn Du Dir nicht sicher bist, ob etwas Gottes Willen entspricht, wie wirst Du Dich entscheiden?

Welche Rolle spielen Gefühle beim Ausrichten nach Gottes Willen?

Wiederhole: Römer 10,9; 1. Johannes 5,13; Matthäus 28,19-20a; 1. Petrus 3,15; Josua 1,8; Matthäus 7,7; 1. Korinther 10,13; Sprüche 28,13; Lukas 6,46; Apostelgeschichte 2,42; 1. Johannes 5,12; Römer 8,9

Zum Auswendiglernen:

Sprüche 3,5-6: »Vertraue auf den HERRN mit deinem ganzen Herzen, und stütze dich nicht auf deinen Verstand. Erkenne ihn auf allen deinen Wegen, und er wird gerade machen deine Pfade.«